Adoração no LAR

JOEL BEEKE

Adoração no LAR

JOEL BEEKE

```
B414a   Beeke, Joel R., 1952-
        Adoração no lar / Joel Beeke ; [tradução: Waléria
        Coicev]. – 1. reimpr. – São José dos Campos, SP: Fiel,
        2018.

        93 p.
        Tradução de: Family worship.
        ISBN 9788581320199

        1. Adoração (Religião). 2. Famílias – Vida religiosa. I.
        Título.

                                                    CDD: 248.3
```

Catalogação na publicação: Mariana C. de Melo Pedrosa – CRB07/6477

Adoração no Lar
Traduzido do original em inglês
Family Worship por Joel R. Beeke
Copyright© 2002, 2009 Joel R. Beeke

∎

Publicado por Reformation Heritage Books
2965 Leonard St., NE
Grand Rapids, MI, 49525, USA

∎

Copyright©2011 Editora FIEL.
1ª Edição em Português: 2012

Todos os direitos em língua portuguesa reservados
por Editora Fiel da Missão Evangélica Literária
PROIBIDA A REPRODUÇÃO DESTE LIVRO POR
QUAISQUER MEIOS SEM A PERMISSÃO ESCRITA
DOS EDITORES, SALVO EM BREVES CITAÇÕES, COM
INDICAÇÃO DA FONTE.

Diretor: Tiago J. Santos Filho
Editor: Tiago J. Santos Filho
Tradução: Waléria Coicev
Revisão: Márcia Gomes
Diagramação: Wirley Corrêa - Layout
Capa: Rubner Durais
ISBN impresso: 978-85-8132-019-9
ISBN e-book: 978-85-8132-083-0

Caixa Postal 1601
CEP: 12230-971
São José dos Campos, SP
PABX: (12) 3919-9999
www.editorafiel.com.br

SUMÁRIO

1 — Bases teológicas para o Culto Doméstico — 9

2 — Culto Doméstico, um dever — 19

3 — Implantando o Culto Doméstico — 31

4 — Objeções contra o Culto Doméstico — 55

5 — Motivações para o Culto Doméstico — 63

Apêndice 1

O diretório para o Culto Doméstico — 73

Apêndice 2

John Paton deixa o lar — 89

COM GRATIDÃO A

Lydia Ruth Beeke

Minha bela filha de fala suave,
coração terno com relação a Deus e aos homens;
minha artista minuciosa, ortografista brilhante
e jogadora competitiva de Uno;
parabéns por entrar na adolescência!

Que, um dia, Deus a abençoe com um lar temente
a Deus, bem-sucedido no culto doméstico.

Soli Deo Gloria!

CAPÍTULO 1

BASES TEOLÓGICAS PARA O CULTO DOMÉSTICO

Toda igreja deseja ter crescimento. No entanto, é surpreendente como poucas delas buscam promover isso por meio de uma ênfase na necessidade de se criar os filhos na verdade da aliança. Poucos lutam com o porquê de muitos adolescentes se tornarem membros apenas nominais das igrejas, com uma mera noção de fé ou abandonarem a verdade evangélica em troca de doutrinas não bíblicas e modismos na adoração.

Creio que uma das principais razões para esse fracasso é a falta de ênfase no culto doméstico. Em muitas igrejas e lares, ele é algo opcional ou, no máximo, uma prática superficial, como uma breve oração de agradecimento antes das refeições. Consequentemente, muitas crianças crescem sem nenhuma experiência ou impressão da fé cristã e da adoração como uma realidade diária. Quando meus pais comemoraram suas bodas de ouro, todos nós, seus cinco filhos, decidimos agradecer a eles pela mesma coisa, sem consultarmos um ao outro. Surpreendentemente, agradecemos nossa mãe por suas orações, e nosso pai por sua liderança no culto doméstico de domingo à noite. Meu irmão disse:

"Pai, a lembrança mais remota que tenho é a de lágrimas escorrendo pelo seu rosto enquanto você nos ensinava sobre como o Espírito Santo guia os crentes, nas noites de domingo, quando usava o livro *O Peregrino*. Quando eu tinha três anos de idade, Deus o usou em nosso culto doméstico para me convencer que o cristianismo era verdadeiro. Não importa o quanto tenha me desviado nos últimos anos, nunca pude questionar seriamente a veracidade do cristianismo e quero lhe agradecer por isso".

Poderíamos ver um reavivamento entre os nossos filhos? Que possamos nos lembrar que Deus usa a restauração do culto doméstico como um prenúncio de avivamento na igreja. Um exemplo disso é a aliança da congregação puritana, de 1677, em Dorchester, Massachusetts, que incluía o compromisso de:

> reformar nossas famílias, empenhando-nos para ter um cuidado consciente para manter a adoração a Deus em nosso culto doméstico; comportando-nos em nossa casa com corações perfeitos; executando todos os afazeres domésticos com fidelidade; educando, instruindo e exortando nossos filhos e família a guardarem os caminhos do Senhor.

Conforme as coisas são em casa, assim o serão na igreja e na nação. O culto doméstico é o fator que determina como as coisas andam no lar. É claro que o culto doméstico não é o único fator determinante para isso. Ele não substitui outras obrigações paternas.

Adoração no Lar

O culto doméstico sem o bom exemplo dos pais é fútil. O ensino espontâneo que surge ao longo de um dia comum é crucial. Todavia, separar momentos para o culto doméstico também é importante. Ele é a base bíblica da criação de filhos.

Neste livreto, examinaremos o culto doméstico em cinco aspectos: (1) bases teológicas, (2) dever (3), implantação, (4) objeções e (5) motivação.

As bases teológicas para o culto doméstico estão arraigadas no próprio ser de Deus. O apóstolo João nos diz que o amor de Deus é inseparável de sua existência trina. O amor de Deus é expansivo e transbordante, e compartilha as bem-aventuranças inter-trinitárias. Deus nunca foi um indivíduo solitário, que necessita de algo em si mesmo. A plenitude do amor e da luz é eternamente compartilhada pelo o Pai, o Filho e o Espírito Santo.

O Deus majestoso e trino não se molda de acordo com as nossas famílias, mas em vez disso, moldou o conceito da família terrena baseado em si mesmo. Nossa vida familiar reflete de um modo débil, a vida da Santíssima Trindade. É por isso que Paulo fala do

"Pai, de quem toma o nome toda a família, tanto no céu como sobre a terra" (Ef 3.14-15). O amor entre as pessoas da Trindade era tão grande desde toda a eternidade, que o Pai decidiu criar um mundo de pessoas que, embora finitas, teriam personalidades que refletiriam o Filho. Ao serem conformadas ao Filho, as pessoas poderiam compartilhar a bendita santidade e alegria familiar da trindade.

Deus criou Adão à sua imagem, e criou Eva a partir de Adão. Deles, surgiram todas as famílias humanas, a fim de que a humanidade pudesse ter uma aliança de comunhão com Deus. Como uma família de duas pessoas, nossos primeiros pais adoraram a Deus, com reverência, enquanto andavam juntos no jardim do Éden (Gn 3.8).

Adão desobedeceu a Deus, transformando a alegria da adoração e da comunhão com Deus em medo, temor, culpa e alienação. Como nosso representante, Adão rompeu o relacionamento entre a família de Deus e a família da humanidade. No entanto, o propósito de Deus não poderia ser frustrado. Enquanto ainda estavam diante dele no Paraíso, Deus deu detalhes sobre

Adoração no Lar

uma nova aliança, a aliança da graça, e contou a Adão e Eva sobre seu Filho, que sendo semente da mulher, quebraria o poder de Satanás sobre eles e lhes asseguraria as bênçãos da aliança da graça (Gn 3.15). Por meio da obediência de Cristo à lei e de seu sacrifício pelo pecado, Deus abriu o caminho para a salvação dos pecadores, ao mesmo tempo em que satisfez sua justiça perfeita. O Cordeiro seria imolado no Gólgota para tirar o pecado do mundo, de modo que nós, pobres pecadores insignificantes, pudéssemos ser restaurados para o nosso verdadeiro propósito: glorificar, adorar e ter comunhão com o Deus trino. Conforme afirma 1João 1.3: "a nossa comunhão é com o Pai e com seu Filho, Jesus Cristo".

Deus lida com a raça humana por meio de alianças e lideranças ou representações. Na vida cotidiana, os pais representam os filhos; um pai representa sua esposa e filhos; os oficiais da igreja representam os membros, e os legisladores representam os cidadãos. Na vida espiritual, cada pessoa é representada pelo primeiro Adão ou pelo último (veja Rm 5 e 1Co 15). Esse princípio de representação aparece em toda a Escritura. Por exemplo, lemos sobre a linhagem piedosa de Sete, Noé e Jó oferecendo sacrifícios em favor de seus filhos (Gn. 8.20-21; Jó 1.5). Deus organizou a raça humana em famílias e tribos, e lidou amplamente com eles por meio da liderança patriarcal. Deus disse a Abraão: "em ti serão benditas todas as famílias da terra" (Gn 12.3).

A administração mosaica perpetuou o princípio do pai como representante da família na adoração e comunhão com Deus. O livro de Números destaca, de modo particular, Deus lidando com seu povo conforme as famílias e seus cabeças. O pai deveria liderar a família na celebração da Páscoa e instruir seus filhos acerca de seu significado.

O papel de liderança do pai na adoração permaneceu ao longo da monarquia em Israel e nos dias dos profetas do Antigo Testamento. Por exemplo, Zacarias predisse que o Espírito Santo seria derramado numa era futura, as pessoas o experimentariam como o Espírito de graça e de súplicas e isso os levaria, família por família, a uma lamentação amarga e sincera. Famílias específicas são nomeadas de acordo com seus

cabeças e pais; a casa de Davi, de Levi e de Simei (Zc 12.10-14).

A relação entre a adoração e a vida familiar continuou nos tempos do Novo Testamento. Pedro reafirmou a promessa feita a Abraão, o pai de todos os fiéis (Rm 4.11), ao declarar aos judeus, no sermão de Pentecostes: "para vós outros é a promessa, para vossos filhos e para todos os que ainda estão longe" (At 2.39). E Paulo nos diz em 1Coríntios 7.14 que, na aliança, a fé de um pai estabelece uma posição de santidade, privilégios e responsabilidades para seus filhos. A igreja do Novo Testamento incluiu tanto as crianças como seus pais, relacionando-os como membros do corpo (Ef 6.1-4), e a experiência individual de crentes, como Timóteo (2Tm. 1.5, 3.15), afirma a importância da fé e da adoração no âmbito familiar.

Conforme conclui Douglas Kelly,

> a religião familiar, a qual depende muito do cabeça do lar para guiar diariamente a família na adoração diante de Deus, é uma das estruturas

mais poderosas que o Deus que guarda a aliança tem dado para a expansão da redenção ao longo das gerações, de modo que incontáveis multidões possam ser trazidas à adoração e à comunhão com o Deus vivo, na face de Cristo.[1]

---

1 Ed. Frank J. Smith e David C. Lachman, "Family worship: biblical, reformed, and viable for today" (Culto Doméstico: bíblico, reformado e viável para Hoje) in: Worship in the presence of God (Adoração na presença de Deus), (Greenville, SC: Greenville Seminary Press, 1992), p. 110. A maior parte desta segunda seção é uma versão condensada do excelente resumo de Douglas Kelly.

CAPÍTULO 2

CULTO DOMÉSTICO, UM DEVER

Dada a importância do culto doméstico como uma força poderosa para conquistar incontáveis milhões à verdade do evangelho ao longo dos tempos, não devemos nos surpreender com o fato de Deus exigir que os chefes de família façam tudo quanto puderem para guiar suas famílias na adoração ao Deus vivo. Josué 24.14-15 diz:

Agora, pois, temei ao Senhor e servi-o com integridade e com fidelidade; deitai fora os deuses aos quais serviram vossos pais dalém do Eufrates e no Egito, e servi ao Senhor. Porém, se vos parece mal servir ao Senhor, escolhei, hoje, a quem sirvais: se aos deuses a quem serviram vossos pais que estavam dalém do Eufrates ou aos deuses dos amorreus em cuja terra habitais. Eu e a minha casa serviremos ao Senhor.

Note três coisas neste texto: Primeiro, Josué não fez da adoração ou do culto ao Deus vivo algo opcional. No versículo 14, ele havia acabado de ordenar Israel a temer ao Senhor. No versículo 15, ele enfatiza que o Senhor quer ser adorado e servido voluntária e deliberadamente em nossas famílias.

Em segundo lugar, no versículo 15, Josué ordena o culto doméstico a Deus por meio de seu próprio exemplo. O versículo 1 deixa claro que ele está se dirigindo aos chefes das famílias. O versículo 15 declara que Josué fará aquilo que ele quer que todas as outras famílias de Israel façam: "servir o Senhor".

Culto Doméstico, um dever

Josué exerce tamanho comando sobre sua família que fala em nome de toda a sua casa: "Eu e a minha casa serviremos ao Senhor". Vários fatores reforçam essa declaração ousada:

- Quando Josué faz essa declaração, ele tem mais de 100 anos de idade, e como um homem idoso, ele é notável em seu zelo.

- Josué sabe que seu controle direto sobre sua família chegará ao fim em breve. Deus lhe havia dito que morreria logo. No entanto, Josué está confiante que sua influência continuará, e que eles não abandonarão a adoração a Deus depois que ele morrer.

- Josué sabe que ainda resta muita idolatria em Israel. Acabara de dizer ao povo para deitar fora os falsos deuses (v. 14). Ele sabe que sua família nadará contra a correnteza para continuar servindo ao Senhor¬ — todavia, ele declara enfaticamente que, sua família fará isso, seja como for.

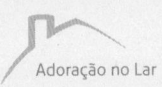
Adoração no Lar

- O registro histórico demonstra que a influência de Josué era tão ampla, que a maioria da nação seguiu seu exemplo, pelo menos durante uma geração. Josué 24.31 diz: "Serviu, pois, Israel ao Senhor todos os dias de Josué e todos os dias dos anciãos que ainda sobreviveram por muito tempo depois de Josué e que sabiam todas as obras feitas pelo Senhor a Israel". Que encorajamento é para os pais tementes a Deus, saber que a adoração que eles iniciaram no lar poderá permanecer por muitas gerações depois deles!

Terceiro, a palavra "servir", no versículo 15, é uma palavra de significado abrangente. Ela é traduzida como "adoração" muitas vezes nas Escrituras. A palavra original não somente inclui servir a Deus em todas as esferas de nossa vida, como também em atos especiais de adoração. Aqueles que interpretam as palavras de Josué em termos vagos e ambíguos perdem esse ensino fundamental. Josué tinha várias coisas em mente, incluindo a obediência a todas as leis cerimoniais que envolviam o sacrifício de animais e a indicação da vinda do Messias, cujo sacrifício de sangue seria eficaz para os pecadores, de uma vez por todas.[1]

É certo que cada marido, pai e pastor temente a Deus deve dizer com Josué: "Eu e a minha casa serviremos ao Senhor. Buscaremos ao Senhor, adoraremos a ele e oraremos a ele como família. Leremos a sua Palavra, repleta de instruções, e enfatizaremos seus ensinamentos em nossa família". Todo pai, sendo um representante, deve perceber, conforme afirma Kelly:

> O princípio da representação inerente à aliança de Deus ao relacionar-se com a raça humana indica que, o chefe de cada família deve representá-la no culto de adoração a Deus; e também que, o ambiente espiritual e o bem-estar pessoal daquela família, a longo prazo, será afetado grandemente pela fidelidade — ou fracasso — do cabeça da família nessa questão.

---

[1] James Hufstetler. Family worship: practical directives for heads of families (Direções Práticas para Chefes de Família), (Grand Rapids, MI: Truth for Eternity Ministries, 1995), p. 4-7.

De acordo com as Escrituras, Deus deve ser servido de três maneiras em atos especiais de adoração nas famílias de hoje:

(1) *Pela instrução diária na Palavra de Deus.* Deus deve ser adorado através da leitura diária e das instruções de sua Palavra. Por meio de perguntas, respostas e instruções sobre a verdade sagrada, pais e filhos devem interagir diariamente uns com os outros. Conforme Deuteronômio 6.6-7 diz: "Estas palavras que, hoje, te ordeno estarão no teu coração; tu as inculcarás a teus filhos, e delas falarás assentado em tua casa, e andando pelo caminho, e ao deitar-te, e ao levantar-te" (cf. Dt. 11.18-19).

As atividades ordenadas nesse texto são diárias, acompanham o deitar à noite, o levantar pela manhã, estar assentado em casa ou andando pelo caminho. Num lar organizado, essas atividades acontecem em momentos específicos do dia. Elas oferecem oportunidades para momentos regulares, consistentes e diários de instrução. Moisés não estava sugerindo um pouco de conversa, mas conversas e instruções diligentes, que fluem do coração fervoroso de um pai. Ele diz que as palavras de Deus

deveriam estar no coração do pai. Os pais devem ensinar *diligentemente* essas palavras aos seus filhos.

Um texto paralelo a esse, no Novo Testamento, é Efésios 6.4: "E vós, pais, não provoqueis vossos filhos à ira, mas criai-os na disciplina e na admoestação (instrução) do Senhor". Quando os pais não podem cumprir esse dever pessoalmente, devem incentivar suas esposas a levarem a cabo esse preceito. Por exemplo, Timóteo foi grandemente beneficiado pela instrução diária de uma mãe e uma avó tementes a Deus.

(2) *Pela oração diária ao trono de Deus.* Jeremias 10.25 declara: "Derrama a tua indignação sobre as nações que não te conhecem e sobre os povos que não invocam o teu nome; porque devoraram a Jacó, devoraram-no, consumiram-no e assolaram a sua morada". Embora seja verdade que, no contexto de Jeremias 10.25, a palavra povos se refira aos clãs, essa palavra também se aplica às famílias individualmente. Podemos raciocinar partindo do maior para o menor. Se a ira de Deus recai sobre os clãs ou grupos de famílias que negligenciam a oração comum, quanto mais não recairá sua ira sobre as famílias que se recusam a

Adoração no Lar

invocar o seu nome? Todas as famílias devem invocá-lo ou então se submeter ao descontentamento de Deus.

As famílias devem orar juntas diariamente, a menos que sejam impedidas pela providência divina. Considere o Salmo 128.3: "Tua esposa, no interior de tua casa, será como a videira frutífera; teus filhos, como rebentos da oliveira, à roda da tua mesa". As famílias comem e bebem à mesa, da provisão diária de um Deus gracioso. Para fazer isso de uma maneira cristã, a família deve seguir o que diz 1Timóteo 4.4-5: "Pois tudo que Deus criou é bom e, recebido com ações de graças, nada é recusável, porque, pela palavra de Deus e pela oração, é santificado". Se você quer comer e beber para a glória de Deus (1Co. 10.31), e se o alimento que você está para comer foi reservado para esse fim, você deve santificá-lo pela oração, conforme diz Paulo. E assim, como oramos para que a comida e a bebida sejam santificadas e abençoadas para a nutrição do nosso corpo, devemos também orar para que Deus abençoe sua Palavra para nutrir nossas almas. "Não só de pão viverá o homem, mas de tudo o que procede da boca do Senhor viverá o homem" (Dt 8.3; Mt 4.4).

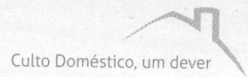
Culto Doméstico, um dever

Além do mais, as famílias não cometem pecados diariamente? Não deveriam pedir perdão diariamente? Deus não as tem abençoado de diversas maneiras todos os dias? Essas bênçãos não deveriam ser reconhecidas com ações de graças diariamente? As famílias não deveriam reconhecer a Deus diariamente em todos os seus caminhos, implorando-lhe para que endireite suas veredas? Elas não deveriam se entregar diariamente aos seus cuidados e proteção? Conforme Thomas Brooks proferiu: "Uma família sem oração é como uma casa sem telhado, aberta e exposta a todas as tempestades do céu".

(3) *Com canções diárias de louvor a Deus*. O Salmo 118.15 diz: "Nas tendas dos justos há voz de júbilo e de salvação; a destra do Senhor faz proezas." Isso é uma referência explícita ao canto. O salmista diz que esse som está (não apenas deveria estar) nas tendas dos justos. Philip Henry, pai do famoso Matthew Henry, acreditava que esse texto oferece base bíblica para se cantar os Salmos em família. Ele argumentou que o cântico de júbilo vinha de cada uma das tendas dos justos. Isso envolvia o canto em família, bem como o canto no

templo. Portanto, o som de júbilo e de salvação deve ser audível nos lares de cada família diariamente. O Salmo 66.1-2 fala da mesma forma: "Aclamai a Deus, toda a terra. Salmodiai a glória do seu nome, dai glória ao seu louvor". Nesse texto, o dever de louvar a Deus com música é dirigido a toda terra, todas as nações, todas as famílias e todas as pessoas. Além disso, nossas canções devem ser salmos inspirados por Deus, que anunciam a honra de seu nome — o verbo "cantar" (*zamar*) é a raiz da palavra "Salmo" (*mizmor*), que é traduzida em outras passagens como "cantar salmos" (Sl 105.2; cf. Tg 5.13). Ainda mais, devemos louvá-lo de um modo digno, em voz alta (2Cr. 20.19), com graça no coração (Cl 3.16), de modo a tornar o louvor a Deus glorioso.

    O Senhor deve ser adorado diariamente pelo canto dos Salmos. Assim, Deus será glorificado, e as famílias serão edificadas. Devido ao fato de essas canções serem a Palavra de Deus, cantá-las é uma forma de obter instrução, esclarecimento e discernimento. Cantar promove a devoção, ao mesmo tempo em que torna o coração caloroso. As graças do Espírito são encorajadas em nós, e nosso crescimento na graça é estimulado. "Habite, ricamente, em vós a palavra de Cristo; instruí-vos e aconselhai-vos mutuamente em toda a sabedoria, louvando a Deus, com salmos, e hinos, e cânticos espirituais, com gratidão, em vosso coração" (Cl 3.16).

Como chefes de famílias, devemos implantar o culto doméstico em nosso lar. Deus requer que o adoremos não apenas em particular, como indivíduos, mas também publicamente, como membros do corpo da aliança e da comunidade; e também socialmente, como famílias. O Senhor Jesus é digno dessa adoração, a Palavra de Deus ordena isso, e nossa consciência afirma que esse é nosso dever.

Nossas famílias devem lealdade a Deus. Ele nos colocou numa posição de autoridade para guiar nossos filhos no caminho do Senhor. Somos muito mais do que amigos e mentores de nossos filhos; como seus mestres e governantes do lar, nosso exemplo e liderança são cruciais. Revestidos da autoridade sagrada, devemos aos nossos filhos o ensino profético, a intercessão sacerdotal e a orientação majestosa (ver Catecismo de Heidelberg, pergunta 32). Devemos dirigir o culto doméstico por meio das Escrituras, da oração e de cânticos.

Aqueles de nós que são pastores devem informar amorosamente os chefes de famílias de nossas igrejas que eles devem comandar sua família na adoração a Deus, conforme fez Abraão. "Porque eu o escolhi para que ordene a seus filhos e a sua casa depois dele, a fim de que guardem o caminho do Senhor e pratiquem a justiça e o juízo; para que o Senhor faça vir sobre Abraão o que tem falado a seu respeito" (Gn 18.19).

CAPÍTULO 3

IMPLANTANDO O CULTO DOMÉSTICO

Aqui estão algumas sugestões para ajudá-lo a estabelecer um culto doméstico que honre Deus em seu lar. Estamos confiantes que isso evitará dois extremos: uma abordagem idealista, que está além do alcance até mesmo dos lares mais tementes; e uma abordagem minimalista, que abandona o culto doméstico diário porque o seu ideal parece estar fora de alcance.

PREPARE-SE PARA O CULTO DOMÉSTICO

Mesmo antes de começar, devemos orar em particular para que Deus abençoe o culto doméstico. Depois, devemos planejar o "o quê", o "onde" e o "quando" do culto doméstico.

1. *O quê*. Em termos gerais, isso inclui instrução na Palavra, oração diante do trono de Deus e cânticos para a glória dele. Mas precisamos determinar ainda mais as particularidades do culto doméstico.

Em primeiro lugar, tenha algumas Bíblias e cópias do Saltério, bem como folhas de cânticos para todos os filhos que souberem ler. Para aqueles que são muito novos, leia alguns versículos da Bíblia e selecione um texto para decorar em família. Repita-o várias vezes juntos, em voz alta, e então reforce seu ensino com uma breve história bíblica, a fim de ilustrar o texto. Reserve um tempo para ensinar uma estrofe ou duas de um trecho do Saltério para as crianças e encoraje-as a cantar com você.

Em se tratando de crianças, tente usar livros ilustrados que contenham um guia para pais e professores, para ensinar cada doutrina.[1] Em todos os casos, explique o que você leu a seus filhos e faça uma ou duas perguntas a eles. Em seguida, cante um ou dois salmos e um bom hino ou cântico infantil. Termine com uma oração.

Com crianças mais velhas, leia uma passagem das Escrituras, memorize-a com elas e faça a aplicação de um provérbio. Pergunte-lhes como elas aplicariam esses versículos na vida diária ou talvez, leia um trecho das *Meditações* no Evangelho de Mateus, Marcos, Lucas e João, de JC Ryle (Editora Fiel). Ryle é simples, porém profundo. Suas ideias são claras e podem ajudar a gerar discussões sobre o assunto. Ou talvez você queira ler partes de uma biografia inspiradora. Entretanto, não permita que a leitura de livros edificantes substitua a leitura da Bíblia ou sua aplicação.

O livro de John Bunyan, *O Peregrino*, ou *Leituras Diárias*, de Charles Spurgeon (ambos da Editora Fiel) são adequados para as crianças com inclinações mais

---

1 A Fiel publicou ótimo livro: Marian M. Schoolland, Conduzindo os pequeninos a Deus, (São Paulo: Fiel, 1983). Também existe outro da Cultura Cristã, Mary Alice Jones, Conversa comigo sobre a Bíblia, (São Paulo: CEP, 1961). [Nota da revisora]

espirituais. As crianças mais velhas também podem se beneficiar com os livros *365 Days With Calvin* (365 Dias com Calvino), *William Jay's Mornings and Evening Exercises* (Exercícios Matutinos e Vespertinos de William Jay), *William Mason's Spiritual Treasure* (O Tesouro Espiritual de William Mason) e *Poor Man's Morning and Evening Portions de Hawker Robert*. Depois dessas leituras, cante algum salmo conhecido ou aprendam um novo antes de terminar com uma oração.

Você também deveria fazer uso dos credos e confissões da igreja. As crianças devem ser ensinadas a recitar o *Credo dos Apóstolos* e a oração do Pai Nosso. Se você adota os padrões de Westminster, incentive seus filhos a memorizar o Breve Catecismo ao longo do tempo. Se o Catecismo de Heidelberg é pregado em sua igreja, leia no Sabat do Dia do Senhor a parte dele que o pastor estará ensinando. Se você tiver o Saltério, poderá fazer uso dos modelos de devoção encontrados nele. Utilizar esses modelos no lar lhe permitirá ter oportunidades para que você e seus filhos aprendam a usá-los de modo edificante e proveitoso, uma habilidade que lhe deixará numa posição vantajosa, visto que nos cultos públicos, eles são usados de forma mais litúrgica.

2. *Onde*. O culto doméstico pode ser realizado em torno da mesa de jantar, no entanto, talvez fosse melhor usar a sala, onde haveria menos distrações. Qualquer que seja o cômodo escolhido, certifique-se de que todo o seu material devocional esteja ali. Antes de começar tire o telefone do gancho ou planeje antes para deixar mensagens na secretária eletrônica ou no correio de voz. Seus filhos devem entender que o culto doméstico é a atividade mais importante do dia e não deve ser interrompido por nada.

3. *Quando*. O ideal é que o culto doméstico aconteça duas vezes ao dia, pela manhã e à noite. Isso se encaixa melhor com as orientações das Escrituras para a adoração. No sistema do Antigo Testamento, o início e o fim de cada dia eram santificados pelas ofertas da manhã e pelos sacrifícios vespertinos, bem como pelas orações feitas de manhã e à noite. A igreja do Novo Testamento seguia, aparentemente, o padrão de orações matutinas e vespertinas. O Diretório de Culto de Westminster afirma que o ."o culto doméstico, o qual deve ser realizado em cada família, geralmente de

manhã e à noite, consiste em oração, leitura das Escrituras e entoar de cânticos".[2]

Para algumas famílias, raramente é possível realizar o culto doméstico mais de uma vez por dia, como por exemplo, após a refeição noturna. De qualquer modo, os pais devem ser sensíveis aos horários e manter todos envolvidos. Pratique o princípio de Mateus 6.33 ("Buscai primeiro o reino de Deus e a sua justiça") ao estabelecer um horário para a família.

Guarde cuidadosamente esse momento de culto doméstico. Se você souber com antecedência que o período habitual não será adequado num determinado dia, reprograme o tempo de culto. Entretanto, não deixe de realizá-lo, pois isso pode se tornar habitual. Quando puder manter o horário determinado, planeje cuidadosamente e prepare-se com antecedência, para que cada minuto seja valioso. Enfrente todos os inimigos do culto doméstico.

---

[2] Westminster Confession of Faith (Confissão de Fé de Westminster), (Glasgow: Free Presbyterian Publications, 1976). p. 419-420. (Publicado em português pela editora Cultura Cristã).

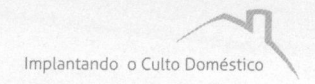

DURANTE O CULTO DOMÉSTICO

Durante o culto doméstico, tenha como alvo o seguinte:

1. *Brevidade*. Conforme Richard Cecil disse: "Que o culto doméstico seja curto, agradável, simples, terno e celestial". O culto doméstico muito longo deixa as crianças inquietas e pode levá-las à ira.

Se você realiza o culto duas vezes ao dia, tente gastar dez minutos pela manhã e um pouco mais à noite. Um período de 25 minutos de culto doméstico pode ser dividido da seguinte forma: dez minutos para a leitura das Escrituras e ensino; cinco minutos para a leitura de uma porção de um livro edificante ou discussão de algum assunto importante à luz da Bíblia; cinco minutos para cânticos e cinco minutos para oração.

2. *Persistência*. É melhor ter 20 minutos de culto doméstico a cada dia do que tentar fazê-lo em períodos prolongados em alguns dias; como gastar 45 minutos na segunda-feira e pular a terça. O culto doméstico nos

providencia "o maná que cai todos os dias à porta de nossa tenda e mantém nossas almas vivas", escreveu James W. Alexander em seu excelente livro sobre o culto doméstico.[3]

Não ceda às desculpas para evitar o culto doméstico. Se você perdeu a paciência com um filho meia hora antes de começar, não diga: "Seria uma hipocrisia eu liderar o culto doméstico, por isso não o teremos hoje à noite". Você não precisa fugir de Deus nessas horas. Em vez disso, você deve voltar-se para ele como o publicano arrependido. Comece o culto pedindo perdão a todos que testemunharam a sua falta de paciência e ore a Deus pedindo perdão. Seus filhos o respeitarão por isso. Eles serão tolerantes com as fraquezas e até mesmo com os pecados de seus pais, contanto que eles confessem seus erros e busquem seguir ao Senhor com sinceridade. Você e eles sabem que o sumo sacerdote no Antigo Testamento não era desqualificado por ser um pecador, mas tinha de primeiro oferecer sacrifício por si mesmo, antes que pudesse oferecer sacrifícios pelo

---

3 James W. Alexander, Thoughts on family worship (Pensamentos sobre o Culto Doméstico), (Filadélfia: Presbyterian Board of Publications, 1847), cap. 1.

pecado do povo. Nem tampouco você e eu somos desqualificados hoje por nossos pecados confessados, porque nossa suficiência está em Cristo, não em nós mesmos. Conforme disse A. W. Pink: "Não são os pecados de um crente, mas sim seus pecados não confessados que obstruem o canal de bênçãos, levando muitos a perderem o melhor de Deus".[4]

Lidere o culto doméstico com uma mão firme e paternal, e com um coração brando e arrependido. Mesmo quando estiver muito cansado após um dia de trabalho, ore pedindo forças para levar a cabo o seu dever paternal. Lembre-se de que Cristo Jesus foi à cruz por você extremamente cansado e exausto, mas nunca recuou de sua missão. À medida que você negar a si mesmo, perceberá o quanto ele lhe fortaleceu durante o culto doméstico, de modo que ao concluí-lo, sua exaustão terá sido superada.

3. *Esperança Solene*. "Alegrai-vos nele com tremor", é o que diz o Salmo 2.11. Precisamos mostrar esse equilíbrio entre esperança e medo, temor e arrependimento,

---

[4] A. W. Pink, Pink's jewels. (Pérolas de Pink), (MacDill, Flórida: Tyndale Bilble Society, sem data), p. 91.

fé e confiança, em nosso culto doméstico. Durante esse tempo, fale naturalmente, embora com reverência, usando o mesmo tom de voz que você usaria ao falar com um amigo profundamente respeitado acerca de um assunto sério. Espere grandes coisas do grande Deus que guarda sua aliança.

Sejamos mais específicos:

1. PARA A LEITURA DAS ESCRITURAS:

- *Tenha um plano.* Leia de dez a vinte versículos do Antigo Testamento pela manhã e de dez a vinte do Novo Testamento à noite. Ou leia uma série de parábolas, de milagres ou porções biográficas. Por exemplo, leia de 1Reis 17 a 2Reis capítulo 2, para estudar o profeta Elias. Ou busque por um tema em toda a Escritura. Não seria interessante, por exemplo, ler as "cenas noturnas" — todas as histórias das Escrituras que ocorrem durante a noite? Ou ler os trechos das Escrituras seguindo os sofrimentos de Cristo desde sua circuncisão até seu sepultamento? Ou ler uma série de seleções que destacam os diversos atributos de Deus? Apenas assegure-se de ler toda a Bíblia durante um determinado período de tempo. Como disse J. C. Ryle: "Encha suas mentes com as Escrituras. Deixe que a Palavra habite neles ricamente. Dê-lhes a Bíblia, a Bíblia inteira, mesmo enquanto eles são muito novos".[5]

- *Considere as ocasiões especiais.* Nas manhãs de domingo, você poderá ler os Salmos 48, 63, 84, 92, 118 ou João 20. No dia do Sabat, quando a Ceia do Senhor for ministrada, leia o Salmo 22, Isaías 53, Mateus 26 ou uma parte de João 6. Antes de sair de férias com a família, reúna todos na sala e leia o Salmo 91 ou o Salmo 121. Quando algum de vocês estiver doente, leia João 11. Quando alguém estiver muito angustiado por uma provação prolongada, leia Isaías 40 a 66. Quando um crente estiver para morrer, leia Apocalipse 7. 21 a 22.
- *Envolva a família.* Cada um que souber ler deve

---

[5] J. C. Ryle, The duties of parents (Os deveres dos pais), (Conrad, Mont: Triangle Press, 1993), p. 11

ter uma Bíblia para acompanhar a leitura. Defina o tom da leitura, lendo a Bíblia de forma expressiva, como o livro vivo que ela é. Distribua vários trechos para serem lidos por sua esposa e filhos, incluindo aqueles que estiverem na pré-escola e que ainda não souberem ler. Pegue o seu filho de quatro anos, sussurre algumas palavras em seu ouvido e peça para que ele as repita em voz alta. Um ou dois versos "lidos" dessa maneira é suficiente para que uma criança em idade pré-escolar sinta-se incluída na leitura da Bíblia em família. As crianças mais velhas podem ler quatro ou cinco versos cada uma ou você pode atribuir toda a leitura a uma criança a cada dia.

Ensine seus filhos a ler de forma articulada e expressiva; sem deixá-los murmurar ou acelerar a leitura. Ensine-os a ler com reverência. Dê uma breve explicação durante a leitura, de acordo com as necessidades das crianças mais novas.

- *Incentive a leitura e o estudo da Bíblia em particular.*

Esteja certo de que você e seus filhos terminem o dia com a Palavra de Deus. Você pode seguir uma adaptação do Plano de Leitura Anual de Robert Murray M'Cheynne para leituras da Bíblia, a fim de que seus filhos leiam a Bíblia por conta própria uma vez por ano. Ajude cada um de seus filhos a montar uma biblioteca pessoal de livros baseados na Bíblia.

2. PARA DAR A INSTRUÇÃO BÍBLICA:

- *Seja franco em relação ao sentido do texto.* Pergunte a seus filhos se entenderem o que você está lendo. Seja claro na aplicação dos textos bíblicos. O diretório de culto da Igreja da Escócia, de 1647, fornece estes conselhos:

Por essa razão, em cada família onde houver alguém que possa ler, as Escrituras devem ser lidas regularmente para a família. Recomendamos que, após a leitura, a família discuta o que foi lido e faça um bom uso disso. Por exemplo, se no texto lido algum pecado for reprovado, esse texto pode ser utilizado para que toda a família esteja ciente do mesmo e seja vigilante em relação a esse tipo de pecado. Se a Escritura lida se referir a algum julgamento, quer seja em forma de ameaça ou de uma punição aplicada, isso deve ser usado para que toda a família tema que o mesmo tipo de julgamento ou pior venha sobre eles, caso não evitem o pecado que desencadeia esse julgamento. Finalmente, se algum dever for exigido ou algum tipo de conforto vier de uma promessa, os membros da família deverão ser estimulados a se devotarem a Cristo para buscarem forças para cumprir o mandamento e receber o conforto oferecido. O chefe da família deve ter a liderança de todas essas questões em suas mãos, e qualquer membro família pode fazer uma pergunta ou propor uma dúvida para ser solucionada (par. III).[6]

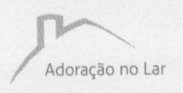

Incentivar o diálogo em torno da Palavra de Deus é algo que se harmoniza com o procedimento familiar

---

6 Westminster Confession of Faith (Confissão de Fé de Westminster), p.419

hebraico de perguntas e respostas (cf. Êx 12; Dt 6; Sl 78). Encoraje principalmente os adolescentes a fazerem perguntas; incentive-os a se comunicar. Se você não souber as respostas, diga isso a eles e estimule-os a procurá-las. Tenha um ou mais comentários bons à disposição, tal como os de João Calvino, Mathew Poole e Mathew Henry. Lembre-se de que se você não fornecer respostas para os seus filhos, eles as obterão em outros lugares, e muitas vezes, essas respostas serão erradas.

- *Seja puro na doutrina*. Tito 2.7 diz: "Torna-te, pessoalmente, padrão em boas obras. No ensino, mostra integridade, reverência". Não abandone a precisão doutrinária ao ensinar crianças pequenas, tenha como alvo a simplicidade e a veracidade.

- *Seja relevante na aplicação bíblica*. Não tenha medo de compartilhar suas experiências quando for apropriado, mas faça-o com simplicidade. Use ilustrações concretas. O ideal é unir a instrução bíblica àquilo você ouviu recentemente nos sermões.

- *Seja carinhoso em seus modos.* O livro de Provérbios usa continuamente o termo "meu filho", demonstrando simpatia, amor e urgência nos ensinamentos de um pai temente a Deus. Quando tiver de ministrar a disciplina de um pai-amigo a seus filhos, faça-o com amor sincero. Diga-lhes que você deve lhes transmitir todo o conselho de Deus, porque você não pode tolerar a ideia de vê-los passar a eternidade separados de você. Meu pai sempre nos dizia, com lágrimas: "Filhos, não posso deixar que vocês se percam, sem ir ao céu". Diga a seus filhos: "Permitiremos a vocês todos os privilégios que uma Bíblia aberta nos permitir dar a vocês — mas se dissermos não a vocês, saibam que isso flui de nosso amor por vocês". Conforme disse Ryle: "O amor é o grande segredo de uma educação bem sucedida. O amor da alma é a alma de todo o amor".[7]

- *Exija atenção.* Provérbios 4.1 diz: "Ouvi, filhos, a instrução do pai e estai atentos para conhecerdes

---

[7] Ryle, The duties of parents (Os deveres dos pais), p. 11

o entendimento". Os pais e as mães têm verdades importantes para transmitir. Você deve exigir que seus filhos ouçam as verdades de Deus em sua casa. Isso pode envolver repetidas declarações no início do culto, como estas: "Sente-se, filho, e olhe para mim quando eu estiver falando. Estamos falando da Palavra de Deus, e Deus merece ser ouvido". Não permita que seus filhos saiam de seus lugares durante o culto doméstico, a não ser em casos de emergência.

3. PARA O MOMENTO DE ORAÇÃO:

- *Seja breve.* Com raras exceções, não ore por mais de cinco minutos. Orações entediantes fazem mais mal do que bem. Não ensine em sua oração; Deus não precisa de instrução. Ensine com seus olhos abertos e ore com os olhos fechados.

- *Seja simples, mas não superficial.* Ore por coisas sobre as quais seus filhos saibam algo a respeito, mas não permita que suas orações se tornem triviais.

Não reduza suas orações a petições superficiais e egocêntricas.

- *Seja direto.* Exponha suas necessidades diante de Deus, pleiteie a sua causa e peça por misericórdia. Cite os nomes de seus filhos, um por um, adolescentes e crianças, bem como suas necessidades, todos os dias. Isso possui um tremendo valor para eles.

- *Seja natural, porém solene.* Fale de modo claro e reverente. Não utilize uma voz artificial e muito alta, nem o mesmo tom de voz o tempo todo. Não ore muito alto, nem muito baixo; nem rápido ou lento demais.

- *Varie.* Não ore pela mesma coisa todos os dias, isso acaba sendo monótono. Desenvolva mais variedade na oração, lembrando e destacando os vários ingredientes da verdadeira oração, tais como: *Invocação, adoração e dependência.* Comece citando um ou dois títulos, ou atributos de Deus, como: "Senhor Gracioso e Santo..." Acrescente a isso uma declaração de seu desejo de adorá-lo e de depender dele para ajudar-lhe pela oração. Diga, por exemplo: "Nós nos prostramos humildemente em tua presença — diante de ti, que és digno de ser adorado — orando para que nossa alma se eleve a ti. Ajuda-nos pelo teu Espírito. Ajuda-nos a clamar pelo teu nome, por intermédio Jesus Cristo, o único meio pelo qual podemos nos aproximar de ti".

Confissão pelos pecados da família. Confesse a depravação de nossa natureza, depois, os pecados reais — principalmente os pecados diários e os pecados da família. Reconheça que merecemos punição das mãos do Deus Santo e peça que ele perdoe todos os seus pecados por amor à Cristo.

Petição por misericórdia para a família. Peça a Deus para livrá-los do pecado e do mal. Você pode dizer: "Ó Senhor, perdoa os nossos pecados por meio de teu Filho. Subjugue as nossas iniquidades pelo teu Espírito. Livra-nos das trevas naturais de nossa própria mente e da corrupção do nosso próprio coração. Livra-nos da tentação à qual estamos expostos hoje".

Peça que Deus lhes conceda o bem espiritual e temporal. Ore pela provisão para cada necessidade da vida cotidiana. Ore por bênçãos espirituais. Ore para que suas almas estejam preparadas para a eternidade. Lembre-se das necessidades familiares e interceda pelos amigos da família. Lembre-se de orar para que seja feita a vontade de Deus em todas essas petições. Mas não permita que sua sujeição à vontade de Deus o impeça de fazer súplicas a ele. Rogue para que ele ouça as suas petições. Interceda por todos os seus familiares à medida que eles estiverem passando para a eternidade. Interceda por eles com base na misericórdia de Deus, na aliança que ele tem com você e no sacrifício de Cristo.

Ações de graças em família. Agradeça ao Senhor pela comida e bebida, pelas misericórdias providenciais, pelas oportunidades espirituais, pelas respostas de oração, pelo restabelecimento da saúde e pelo livramento do mal. Confesse: "As tuas misericórdias são a causa de não sermos consumidos como família". Lembre-se da reposta à pergunta 116 do Catecismo de Heidelberg, que diz: "Deus quer conceder sua

graça e seu Espírito Santo somente aos que continuamente lhe pedem e agradecem de todo o coração".
Conclusão. Bendiga a Deus pelo que ele é e pelo que tem feito. Peça para que seu reino, poder e glória sejam manifestados para sempre. Depois, conclua com "Amém", que significa "assim seja".

Matthew Henry afirmou que o culto doméstico da manhã é um tempo especial para louvar e pedir forças para aquele dia, bem como a bênção divina sobre as atividades do dia. O culto da noite deve concentrar-se na gratidão, nas reflexões de arrependimento e nas súplicas humildes por aquela noite.[8]

4. PARA O MOMENTO DE CÂNTICOS:

- *Cante músicas doutrinariamente puras*. Não há desculpas para cantar cânticos com erros doutrinários, não importa o quão atraentes sejam suas melodias.

---

[8] Matthew Henry, Doctrinal standars, liturgy, and church order (Padrões doutrinários, liturgia e ordem de culto), (Grand Rapids, MI: Reformation Heritage Books, 1999), p. 81.

- *Antes de tudo, cante salmos, sem negligenciar os bons hinos.* Lembre-se de que os Salmos, chamados por Calvino de "uma anatomia de todas as facetas da alma", são a mais rica mina de ouro de piedade profunda, viva, bíblica e prática, disponível a nós hoje em dia.

- *Cante Salmos simples, se você tiver filhos pequenos.* Ao escolher Salmos para cantar, procure músicas que as crianças possam dominar com facilidade e canções importantes para elas conhecerem. Escolha canções que expressem as necessidades espirituais que seus filhos têm de arrependimento, de fé e de renovação do coração e da vida; canções que revelem o amor de Deus por seu povo e o amor de Cristo pelas ovelhas de seu rebanho ou que os recorde dos privilégios e deveres da aliança. As letras das músicas devem ser simples e claras, e o tom deve ser fácil de cantar. Por exemplo, você pode escolher uma canção sobre o salmo 23: "O Senhor é meu pastor e nada me faltará". O texto é bastante simples para qualquer criança que já tenha aprendido a falar. Palavras como justiça, bondade e misericórdia devem ser destacadas e explicadas de antemão. Não se esqueça de começar dizendo às crianças que, um pastor é alguém que cuida das ovelhas que possui e ama! Não é sábio pressupor que essas coisas sejam suficientemente claras para as crianças.

- Cante de coração e com sentimento. Conforme afirma Colossenses 3.23: "Tudo quanto fizerdes, fazei-o de todo o coração, como para o Senhor e não para homens". Medite nas palavras que você está cantando. No momento apropriado, discuta uma frase que estiver sendo cantada.

APÓS O CULTO DOMÉSTICO

Ao terminar o culto doméstico da noite, ore para que Deus abençoe sua família: "Senhor, usa essas instruções para salvar nossos filhos e para levá-los a crescer na graça, a fim de que possam depositar sua esperança em ti. Usa nosso louvor ao teu nome por meio da música para engrandecer teu nome, teu Filho e teu Espírito em suas almas imortais. Usa nossas orações gaguejantes para levar nossos filhos ao arrependimento. Sopra Senhor Jesus Cristo, tua Palavra e teu Espírito em nossa família durante este momento de culto. Permita que este tempo lhes traga vida".

CAPÍTULO 4

OBJEÇÕES CONTRA O CULTO FAMILIAR

Algumas pessoas se opõem a ter horários regulares para o culto doméstico, citando essas razões:

- *Não há uma ordem explícita na Bíblia para termos cultos domésticos.* Embora não haja nenhuma ordem explícita, os textos citados anteriormente deixam claro que Deus desejava que as famílias o adorassem diariamente.

- *Nossa família não tem tempo para isso.* Se você tiver tempo para lazer e divertimentos, mas não para o culto doméstico, pense em 2Timóteo 3.4-5, que nos adverte sobre pessoas que amam mais os prazeres do que a Deus, os quais têm forma de piedade, mas negam o poder que ela tem. Separar um tempo das atividades familiares e dos negócios para buscar a bênção de Deus nunca é perder tempo. Se levarmos a Palavra de Deus a sério, diremos: "Não posso deixar de dar prioridade a Deus e sua Palavra em minha família". Samuel Davies disse certa vez:

Se fôssemos criados apenas para este mundo, haveria alguma força nessa objeção, mas como é estranha uma objeção como essa vinda de um herdeiro da eternidade! Ore; para que o tempo lhe foi dado? Não é principalmente para que você possa se preparar para a eternidade? E você não tem tempo para aquilo que é o maior negócio da sua vida?[1]

---

[1] Samuel Davies, "The necessity and excellence of family religion" (A necessidade e a excelência da religião fFamiliar) in: Sermons on important subjects (Semões sobre assuntos importantes), (Nova York: Robert Carter and Brothers, 1853), p.60.

Objeções contra o Culto Familiar

- *Não há uma hora exata em que todos nós podemos estar juntos.* Se vocês têm horários conflitantes, principalmente quando os filhos mais velhos estão na faculdade, você deve fazer o melhor que puder. Não cancele o culto doméstico se algum dos filhos não estiver em casa. Realize o culto doméstico quando a maioria dos membros da família estiver presente. Caso surjam conflitos de horários, mude ou cancele a atividade que estiver ameaçando o culto doméstico, se possível. O culto doméstico deve ser um acontecimento inegociável. Os negócios, passatempos, esportes e atividades escolares são secundários se comparados a ele.

- *Nossa família é muito pequena.* Richard Baxter afirmou que, para formar uma família, você só precisa de alguém que governe e de alguém para ser governado. Você só precisa de duas pessoas para o culto doméstico. Conforme disse Jesus: "Onde estiverem dois ou três reunidos em meu nome, ali estou no meio deles" (Mt 18.20).

- *Nossa família é muito diversificada para que todos sejam beneficiados com isso.* Tenha um plano que abranja todas as idades. Leia um trecho de um livro de histórias bíblicas para os pequeninos por alguns minutos. Faça a aplicação de um provérbio para as crianças mais velhas e leia uma ou duas páginas de um livro para adolescentes. Um plano sábio pode superar qualquer diversidade de idade. Além disso, essa variedade de idades dos filhos afeta diretamente apenas um terço do culto doméstico, mas não afeta o momento de orações e de cânticos. Todas as faixas etárias podem cantar e orar juntas. Lembre-se também de que, a instrução bíblica não se aplica de forma direta a todos os presentes. À medida que você ensina os adolescentes, as crianças estão aprendendo a ficar sentadas. Entretanto, não mantenha a discussão por um período prolongado ou todos acabarão perdendo o interesse. Se os adolescentes quiserem continuar a discussão, retome o assunto depois de encerrar o culto com uma oração e dispensar os mais novos.

Semelhantemente, enquanto você estiver ensinando os filhos mais novos, os adolescentes estarão prestando atenção. Eles também estarão aprendendo, pelo seu exemplo, como ensinar as crianças menores. Quando se casarem e tiverem filhos, eles se lembrarão de como você conduzia o culto doméstico.

- *Eu não sou bom para conduzir nossa família no culto doméstico.* Eis algumas sugestões: Em primeiro lugar, leia um ou dois livros a respeito do culto doméstico, tais como os escritos por James W. Alexander, Matthew Henry, John Howe, George Whitefield, Douglas Kelly e Jerry Marcellino.[2] Faça um bom uso do livro *The Family Worship: a Resource Book for Family Devotions* (O Culto Familiar: um Livro de Recursos para a Devoção

---

[2] Jerry Marcellino, Redescobrindo o tesouro perdido do culto familiar, (São José dos Campos, SP: Fiel); John Howe, "The obligations from nature and revelation to family religion and worship" (As obrigações naturais e bíblicas para a religião familiar e adoração), representadas e impressas em "Six Sermons" in: Works of John Howe, (Nova York: Robert Carter, 1875), vol. 1, p. 608-628; George Whitefield, "The great duty of family religion" (O grande dever da religião familiar), in: The banner of sovereign grace truth 2, abril-maio de 1994, p. 88-89, 120-121.

Familiar), de Terry L. Johnson.[3] Em segundo, peça orientação de pastores e pais tementes a Deus. Pergunte se eles poderiam visitar sua casa e mostrar-lhe como conduzir o culto doméstico ou observar a forma como você o faz e dar sugestões. Terceiro, apenas comece. Acredito que vocês já estejam lendo as Escrituras e orando juntos. Caso contrário, comece a fazê-lo. Se vocês estão lendo e orando juntos, faça uma ou duas perguntas sobre o texto lido e cantem alguns salmos e hinos. Acrescente um minuto ou dois a cada semana, até que cheguem a 20 minutos.

Sua habilidade aumentará com a prática. Como disse George Whitefield: "Onde há um coração bem intencionado, não há necessidade alguma de uma habilidade incomum para realizar o culto doméstico de um modo decente e edificante".[4]

E o mais importante: peça ao Espírito Santo para lhe mostrar como fazê-lo. Então, da abundância do

---

[3] Terry L. Johnson, The family worship: a resource book for family devotions (O Culto Familiar: um Livro de Recursos para a Devoção Familiar), (Fearn, Ross-shire: Christian Focus, 1998).

[4] Whitefield, "The great duty of family religion", p. 88-89; 120-121.

seu coração, sua boca poderá falar, conforme Provérbios 16.23: "O coração do sábio é mestre de sua boca e aumenta a persuasão nos seus lábios".
Será que o nosso real problema no culto doméstico não é nossa incapacidade de orar, ler e instruir, bem como nossa falta de entendimento das espantosas promessas e do poder que Deus nos tem dado para moldar os filhos da aliança para a sua glória?

- *Alguns dos membros de nossa família não participarão.* Pode ser que haja lares nos quais seja difícil a realização do culto doméstico. No entanto, eles são raros. Se você tem filhos difíceis, siga uma regra simples: nada de Bíblia, nada de cânticos e nada de oração é igual a nada de comida. Diga: "Nesta casa, nós serviremos ao Senhor. Todos nós respiramos, portanto cada pessoa de nossa casa deve louvar ao Senhor". O Salmo 150.6 não faz exceções nem mesmo para crianças não convertidas. Ele diz: "Todo ser que respira louve ao Senhor. Aleluia"!

- *Não queremos transformar nossos filhos não convertidos em hipócritas.* Um pecado não justifica o outro. O modo de pensar que propõe essa objeção é perigoso. Uma pessoa descrente jamais poderá se basear em sua condição de não convertida para defender-se de sua negligência. Não incentive seus filhos a usarem essa desculpa para fugir do culto doméstico. Enfatize a necessidade que eles têm de utilizar todos os meios da graça.

- *Eu sou desafinado.* Incentive seus filhos a aprenderem a tocar piano ou órgão. Ou ponha alguns salmos ou hinos para tocar, digite as letras das músicas e acompanhe as músicas com sua família. Os reformadores eram competentes no uso da música. Lutero disse: "Aquele que não percebe o dom e a perfeita sabedoria de Deus em sua obra maravilhosa, que é a música, é realmente um imbecil e não é digno de ser considerado um homem". [5]

---

5 Alexander, Thoughts on family worship, cap 18.

CAPÍTULO 5

MOTIVAÇÕES PARA O CULTO DOMÉSTICO

Todo pai e mãe temente a Deus deve estabelecer e manter o culto doméstico em casa, pelas seguintes razões:

- Pelo eterno bem-estar dos seus entes queridos. Deus usa meios para salvar as almas. É mais comum que ele use a pregação de sua Palavra. Mas pode também usar o culto doméstico. Assim como há uma ligação entre a pregação e a salvação das almas numa igreja, existe uma ligação entre o culto doméstico e a salvação das almas na família. Provérbios 22.6 diz: "Ensina a criança no caminho em que deve andar, e, ainda quando for velho, não se desviará dele". Essa regra tem sido confirmada há séculos. O Salmo 78.5-7 afirma igualmente:

Ele estabeleceu um testemunho em Jacó, e instituiu uma lei em Israel, e ordenou a nossos pais que os transmitissem a seus filhos [ou seja, os louvores ao Senhor e suas obras maravilhosas], a fim de que a nova geração os conhecesse, filhos que ainda hão de nascer se levantassem e por sua vez os referissem aos seus descendentes; para que pusessem em Deus sua confiança e não se esquecessem dos feitos de Deus, mas lhe observassem os mandamentos".

Não conhecemos a vontade secreta de Deus, mas sabemos que ele se compromete a usar os meios. Somos chamados a trabalhar na esperança de que, fazendo um uso diligente do meio do culto doméstico, nossos filhos não se esqueçam das obras de Deus. Por outro lado, se deixarmos os nossos filhos entregues a si mesmos, as

Escrituras nos dizem que eles nos envergonharão. O pensamento de ter crianças passando a eternidade no inferno deve ser esmagador para qualquer pai temente a Deus. Imagine também enfrentar a eternidade confessando que não trabalhamos com seriedade em prol das almas de nossos filhos. Seria terrível confessar: "Eu lia a Bíblia para nossos filhos, mas nunca falei a respeito dela com eles. Eu orava, mas nunca orei fervorosamente por suas almas"!

Spurgeon lembrava-se claramente de sua mãe orando por ele, em prantos, desta maneira: "Senhor, tu sabes que se estas orações não forem respondidas com a conversão de Charles, elas serão testemunhas contra ele no Dia do Juízo". Spurgeon escreveu: "A ideia de que as orações de minha mãe serviriam como testemunha contra mim no Dia do Juízo infligia terror sobre meu coração".

Pais, usem todos os meios para que seus filhos sejam arrebatados do fogo abrasador. Orem com eles, ensinem-nos, cantem com eles, chorem por eles, admoestem-nos, roguem por eles e pelo seu batismo. Lembrem-se de que a cada culto doméstico, vocês estão conduzindo seus filhos à presença do Altíssimo. Busquem graça para trazer a bênção do Deus Todo-Poderoso para sua casa.

- *Pela satisfação de uma boa consciência.* Ryle disse:

> Pais, eu lhes ordeno que façam todo o esforço para treinar os seus filhos no caminho em que devem andar. Ordeno isso não apenas por causa das almas de seus filhos; ordeno-lhes isso por causa de seu próprio conforto e paz no futuro. Na verdade, sua própria felicidade depende grandemente disso. Os filhos têm causado as lágrimas mais tristes que um homem pode derramar.[1]

Essa tristeza é ainda mais opressiva quando os pais cumprem seu dever fielmente e, apesar disso, vivem com uma filha ou um filho pródigo. Mas quem pode suportar a reprovação de uma consciência pungente, que nos condena por nunca criarmos nossos filhos no temor do Senhor? Que pena não conseguirmos levar a sério o voto que fizemos na consagração de nossos filhos, de criá-los em nossas doutrinas confessionais.

Quão melhor será poder dizer:

---

1 Ryle, The duties of parents, p. 36-37

Filho, nós lhe ensinamos a Palavra de Deus; lutamos por sua alma; demos-lhe um exemplo de vida temente a Deus. Você não viu em nós uma piedade sem pecado, mas sim uma fé não fingida. Você sabe que buscamos primeiro o reino de Deus e a sua justiça. Sua consciência será testemunha de que Cristo foi o centro de nosso lar. Nós cantamos juntos, oramos juntos e conversamos. Se você se desviar dessa luz e desses privilégios, e insistir em seguir o seu próprio caminho, só poderemos orar para que todos os estudos bíblicos, orações e cânticos não se levantem contra você no Dia do Juízo, e para que você recupere a sensatez antes que seja tarde demais. [2]

Conforme disse Ryle:

Bem feliz é o pai que pode dizer a seus filhos o mesmo que Robert Bolton disse em seu leito de morte: "Eu, de fato, creio que nenhum de vocês ousará me encontrar no tribunal de Cristo na condição de uma pessoa não regenerada". [3]

---

2 Cf. Henry, The Works of Matthew Henry, vol.1, p. 252.
3 Ryle, The duties of parents, p. 36.

Devemos viver e conduzir o culto doméstico de tal forma que nossos filhos não sejam capazes de dizer: "Estou com os pés e as mãos amarrados, sendo lançado na escuridão eterna por causa de sua negligência paterna, de sua hipocrisia e de sua complacência em relação às coisas de Deus. Pai, mãe, por que vocês não foram fiéis comigo?"

• *Porque isso auxilia na criação dos filhos.* O culto doméstico ajuda a promover a harmonia familiar em tempos de aflição, doença e morte. Ele oferece um conhecimento maior das Escrituras e crescimento na piedade pessoal, tanto para você quanto para seus filhos. Ele nutre a sabedoria de como enfrentar a vida, nos dá abertura para falarmos sobre assuntos importantes e cria um relacionamento mais próximo entre pais e filhos. Os firmes laços estabelecidos durante o culto doméstico nos primeiros anos de vida podem servir de grande ajuda para os adolescentes nos anos porvir. Esses adolescentes poderão ser poupados de muitos pecados ao recordarem as orações e a adoração em família. Em tempos de tentação, poderão dizer: "Como posso ofender um pai que luta diariamente com Deus em meu favor?

J. W. Alexander advertiu:

> Deixe seu filho entrar na adolescência, e todas as suas cordas se revelarão uma teia de aranha, a menos que você tenha mantido sua influência sobre eles pelo laço crescente e diário da religiosidade familiar. Olhe ao seu redor por entre as famílias que professam ter fé em Cristo e observe a diferença entre aquelas que adoram a Deus e aquelas que não o adoram; e depois, visto que você ama sua prole e quer salvá-la da rebelião de Hofni e Finéias, comece a realizar o culto a Deus em sua casa. [4]

- *Por que a vida é breve.* "Que é a vossa vida? Sois, apenas, como neblina que aparece por instante e logo se dissipa" (Tg 4.14). O treinamento diário dura apenas uns meros 20 anos ou menos, e não há garantia de que dure mesmo esses anos. Devemos conduzir nossas famílias na adoração a Deus, cientes do quanto a vida é breve em comparação com uma eternidade infinita. Os filhos perceberão

---
4 Alexander, Thoughts on family worship, p. 238.

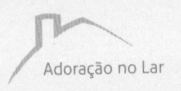

essa realidade se o culto doméstico for feito com sinceridade, amor, cordialidade e coerência.

- *Por amor a Deus e sua igreja*. Os pais piedosos desejam glorificar a Deus e servir suas igrejas. Querem dar à igreja filhos e filhas espiritualmente leais. Ore para que seus filhos e filhas sejam colunas na igreja. Bem-aventurados os pais que puderem ver, um dia, seus próprios filhos e filhas entre a multidão de adoradores. O culto doméstico é a base para um futuro como esse.

Nós, como chefes de família, somos responsáveis pela educação espiritual de nossos familiares. Assim, devemos fazer tudo quanto pudermos para estabelecer e manter o culto doméstico em nossos lares.

Deus nos deu exemplos bíblicos de culto familiar, e não os seguiremos? Deus colocou em nossos lares, almas de criaturas feitas à sua imagem, e não usaremos todas as nossas habilidades para ver nossos filhos se curvarem em adoração diante de Deus e de seu Filho, Jesus Cristo? Será que não nos esforçaremos para promover a piedade cristocêntrica em nossos lares, a qual o culto doméstico é tão apto a promover?

Brincaremos com o alimento espiritual, sim, com a eternidade dos membros de nossa própria família?

Os cultos regulares em família tornarão nosso lar um lugar mais feliz para se viver. Torná-lo-á mais harmonioso e mais santo. Eles ajudarão a família a honrar a Deus. Como 1Samuel 2.30b diz: "Porque aos que me honram, honrarei, porém os que me desprezam serão desmerecidos". O culto doméstico nos trará paz; edificará a igreja. Portanto, devemos dizer juntamente com Josué: "Eu e a minha casa serviremos ao Senhor". Usaremos a Palavra de Deus para ensinar nossos filhos; invocaremos o seu nome diariamente; cantaremos louvor a ele com humildade e alegria.

Se seus filhos já estão crescidos e não estão mais em casa, não é tarde demais para fazer o seguinte:

- Ore por eles. Ore para que Deus endireite o que está torto e transforme o mal em bem.

- Confesse seu pecado a Deus e aos seus filhos. Dê-lhes literatura sadia sobre o culto doméstico.

- Converse e ore com seus netos. Faça por eles aquilo que não fez por seus filhos.

- Comece a fazer culto doméstico com seu cônjuge. Siga os conselhos de James W. Alexander: "Voe imediatamente ao trono da graça com os seus familiares". [5]

- Não desanime e não desista do culto doméstico, não importa o que aconteça. Recomece de novo. Siga adiante. Seja realista. Não espere perfeição em seus esforços ou na reação de seus filhos. Toda perfeição está em seu grandioso Sumo Sacerdote, que intercede por você e prometeu ser gracioso com os crentes e sua descendência.

- Implore ao Senhor que abençoe os seus frágeis esforços e salve seus filhos e netos. Suplique-lhe que os tome em seus braços por toda a eternidade.

Que Deus lhe conceda graciosamente a ajuda de seu Espírito, para o bem das almas e por amor do seu nome.

---

5 Ibid., p. 245.

APÊNDICE 1

DIRETÓRIO PARA O CULTO DOMÉSTICO[1]

Assembleia de Edimburgo,
24 de agosto, 1647

---

[1] Esta edição do diretório foi adaptada ao leitor moderno. Para uma versão anotada deste documento, com as referências cruzadas das Escrituras e os padrões de Westminster, veja The Directory for Family Worship (Diretório para o Culto Familiar), (Greenville: Greenville Presbyterian Theological Seminary, 1994). Para comentários e guia de estudo, veja Douglas W. Comin, Returning to the family altar, (Aberdeen: James Begg Society, 2004).

Orientações para a adoração secreta e particular, edificação mútua e repreensão daqueles que negligenciam o culto doméstico.

A Assembleia Geral, após um debate maduro, aprova as seguintes regras e instruções para promover a piedade e impedir divisões e facções. Essa assembleia também nomeia pastores e presbíteros governantes em cada congregação, a fim de dedicarem um especial cuidado para que essas instruções sejam observadas e seguidas. Semelhantemente, os presbitérios e sínodos provinciais devem inquirir e investigar se essas instruções estão sendo observadas em suas jurisdições, e repreender ou corrigir (conforme a gravidade da ofensa), quando houver necessidade, de modo que essas instruções não se tornem ineficazes e inúteis entre alguns, pelo fato de terem o costume de negligenciar a própria essência do dever do culto doméstico. Além disso, a assembleia também ordena e designa pastores e presbíteros governantes para pesquisar e investigar com diligência, nas igrejas das quais são encarregados, se há alguma família que costuma negligenciar esse dever necessário. Se alguma família for encontrada nessa situação, o chefe da família deve ser primeiramente admoestado em particular, a fim de corrigir o seu erro. Caso ele continue sendo negligente, deve ser repreendido publicamente, com seriedade. Se depois disso ele ainda negligenciar o culto doméstico, por sua obstinação em tamanho pecado, deverá ser suspenso da ceia do Senhor e proibido de tomar parte nela, sendo justamente considerado indigno de participar desse sacramento, até que corrija essa situação.

ORIENTAÇÕES DA ASSEMBLEIA GERAL ACERCA DA ADORAÇÃO SECRETA E PARTICULAR, E DA EDIFICAÇÃO MÚTUA, PARA QUE HAJA INCENTIVO À PIEDADE, PRESERVAÇÃO DA UNIDADE E PARA QUE AS FACÇÕES E DIVISÕES SEJAM EVITADAS

Além da adoração pública nas igrejas, a qual tem sido misericordiosamente estabelecida com muita pureza nesta terra, é apropriado e necessário que a adoração secreta de cada indivíduo e a adoração particular de cada família sejam estimuladas e firmadas fazendo que, por uma reforma nacional, a profissão e o poder da piedade pessoal e familiar possam progredir.

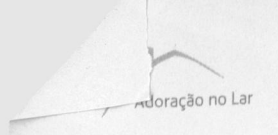

I. Em primeiro lugar, para que haja adoração secreta, o mais necessário é que cada um por si, individualmente, dedique-se à oração e à meditação. Esse benefício indescritível é mais conhecido por aqueles que têm mais prática nessa questão. A adoração secreta é o meio pelo qual, de um modo muito especial, mantemos comunhão com Deus e obtemos o preparo correto para todos os demais deveres. Por essa razão, ela não é importante apenas para os pastores que, em meio as suas diversas obrigações, insistem para que pessoas de todos os tipos cumpram seu dever de manhã e à noite, bem como em outras ocasiões; mas também cabe ao chefe de cada família cuidar para que eles mesmos e todos quanto estejam sob sua responsabilidade sejam diligentes em relação a essas questões diariamente.

II. Os deveres costumeiros incluídos na prática da piedade que devem ocorrer quando as famílias se reúnem para esse fim são estes: Primeiro, oração e louvores executados com uma referência especial à situação pública da igreja de Deus e de seu reino, bem como da presente circunstância de cada membro da família. Em seguida, leitura das Escrituras, com um ensino simples, de modo que os indivíduos com menor capacidade de entendimento possam compreender melhor as ordenanças dadas em público e a leitura das Escrituras. Deve haver também discussões piedosas que edifiquem todos os membros da família na fé santíssima e incluam advertências e repreensões, quando necessário, da parte daqueles que possuem autoridade na família.

III. Visto que a responsabilidade e o ofício de interpretar as Escrituras Sagradas fazem parte do chamado ministerial, ninguém deve tomar essa responsabilidade sobre si (por mais que seja qualificado), a não ser que seja devidamente chamado para isso, por Deus e pela igreja. Por essa razão, em cada família onde houver alguém que possa ler, as Escrituras devem ser lidas regularmente para a família. Recomendamos que, após a leitura, a família discuta o que foi lido e faça um bom uso disso. Por exemplo, se no texto lido algum pecado for reprovado, esse texto pode ser utilizado para que toda a família esteja ciente do mesmo e seja vigilante em relação a esse tipo de pecado. Se a Escritura lida se referir a algum julgamento, quer seja em forma de ameaça ou de uma punição aplicada, isso deve ser usado para que toda a família tema que o mesmo tipo de julgamento ou pior venha sobre eles, caso não evitem o pecado que desencadeia esse julgamento. Finalmente, se algum dever for exigido ou algum tipo de conforto vier de uma promessa, os membros da família deverão ser estimulados a se devotarem a Cristo para buscarem forças para cumprir o mandamento e receber o conforto oferecido. O chefe da família deve ter a liderança de todas essas questões em suas mãos, e qualquer membro da família pode fazer uma pergunta ou propor uma dúvida para ser solucionada.

IV. O chefe da família deve cuidar para que nenhum membro dela se retire de qualquer uma das partes do culto doméstico. Visto que o desempenho regular de todas as partes dele pertence devidamente ao chefe da família, o pastor deve estimular aqueles que são preguiçosos e treinar os que são fracos, de modo que estes se qualifiquem para essas práticas. Sempre se pode autorizar que alguém aprovado pelo presbitério seja convidado para realizar o culto doméstico. Em famílias nas quais o chefe da família for desqualificado para a função, outro membro da família, residente naquele lar, poderá ser autorizado pelo pastor e pela liderança para desempenhar esse culto.

Nesse caso, o pastor e a liderança prestarão contas ao presbitério. E se um pastor, pela providência divina, for levado a alguma família, não deverá em hipótese alguma convocar uma parte da família para o culto, excluindo os demais, exceto em circunstâncias excepcionais relacionados a essas pessoas, as quais pela prudência cristã não precisariam ou não deveriam ser aplicadas às demais pessoas.

V. Nenhum desocupado, que não possui alguma vocação específica, ou qualquer pessoa ociosa, fingindo ter um chamado, poderá ter permissão para conduzir o culto nas famílias; porque pessoas cheias de pecados ou que visam a divisão podem estar prontas a entrar sorrateiramente nas casas e, por meio disso, levar cativas as almas tolas e inconstantes.

VI. No culto doméstico, devemos tomar cuidado especial para que cada família se mantenha por si mesma. Elas não devem requerer, convidar ou admitir pessoas de famílias diferentes para essa tarefa, exceto aquelas que residam com elas, que participem de suas refeições ou estejam com elas por algum motivo legítimo.

VII. Embora possa haver alguns efeitos e frutos do encontro de pessoas de famílias diferentes em tempos de depravação e dificuldades (casos em que muitas coisas são recomendáveis, as quais, de outro modo, não seriam toleradas), quando Deus nos abençoa com a paz e a pureza do evangelho, essas reuniões com pessoas de famílias diferentes (exceto nos casos mencionados pela presente orientação) devem ser reprovadas, por terem a tendência de se tornarem um empecilho à prática religiosa de cada família e um prejuízo para o ministério público, e também por afastarem as famílias de suas congregações específicas e de toda a igreja, com o passar do tempo. Além disso, muitos pecados podem surgir dessa prática, causando o endurecimento dos corações dos homens carnais e tristezas para os piedosos.

VIII. No dia do Senhor, depois que cada membro da família, individualmente, e toda a família junta buscou ao Senhor (em cujas mãos está o preparo para o coração dos homens), a fim de adequar a família para o culto público e abençoá-la para o sacramento público, o chefe da família deve cuidar para que todos quantos estiverem sob sua responsabilidade compareçam ao culto público, de modo que ele e sua família estejam unidos ao restante da congregação. Quando o culto público tiver terminado, após a oração, ele deve pedir contas daquilo que a família ouviu. Posteriormente, a família deve gastar o restante de seu tempo usando um catecismo e tendo discussões espirituais acerca da Palavra de Deus. Outra alternativa seria todos se aplicarem individualmente à leitura, meditação e oração em particular, de modo que possam confirmar e aumentar sua comunhão com Deus, a fim de que os benefícios recebidos pelos sacramentos públicos possam ser valorizados e divulgados, para que todos sejam mais edificados até a vida eterna.

IX. Qualquer um que esteja apto a orar deve fazer uso desse dom de Deus. Aqueles que são mais inexperientes e fracos podem começar com um modelo de oração estabelecido, mas não devem ser preguiçosos para estimular em si mesmos (conforme suas necessidades diárias) o espírito de oração, que é dado a todos os filhos de Deus em alguma medida. Eles devem ser mais fervorosos e frequentes em suas orações em particular a Deus, a fim de capacitarem seus corações a elaborar o pensamento e suas línguas a expressar seus desejos a Deus, em favor de sua família, de modo adequado. Nesse meio tempo, para que eles sejam mais encorajados, os chefes de família devem fazer uso dos seguintes pontos da oração e meditar neles:

- Confessar a Deus o quanto são indignos de chegar diante de sua presença e o quanto são inadequados para adorar sua Majestade; embora devam pedir com sinceridade, que Deus lhes dê um espírito de oração.

- Confessar seus pecados e os pecados da família, acusando, julgando e condenando a si mesmos por causa deles, até que suas almas se humilhem verdadeiramente em alguma medida.

- Derramar suas almas diante de Deus, em nome de Cristo, por meio do Espírito, para receberem o perdão dos pecados e a graça de se arrepender, crer e viver de modo sóbrio, justo e piedosamente, para que possam servir a Deus com alegria e prazer, andando em sua presença.

Apêndice 1 - Diretório para o Culto Doméstico

- Render graças a Deus por suas muitas misericórdias para com seu povo e para com eles mesmos, e principalmente por seu amor em Cristo, e pela luz do evangelho.

- Orar por quaisquer benefícios particulares, espirituais e temporais, os quais necessitem nesse momento (quer seja de manhã ou à noite) em relação à saúde ou doença, prosperidade ou adversidade.

- Orar pela igreja de Cristo em geral, por todas as igrejas reformadas e por suas próprias igrejas em particular; por todos os que sofrem pelo nome de Cristo, por todos os nossos superiores: reis, rainhas e seus filhos; pelos pastores, ministros e por todo o corpo da congregação da qual são membros, bem como pelo seu próximo que estiver ausente devido a tarefas legítimas e por aqueles que estiverem em casa.

- A oração pode ser encerrada com um desejo sincero de que Deus seja glorificado na vinda do reino de seu Filho e na execução de sua vontade, com a segurança de que eles mesmos são aceitos e de que aquilo que pediram conforme a vontade de Deus será feito.

X. Essas práticas devem ser realizadas com grande sinceridade, sem demora, deixando de lado toda atenção aos negócios terrenos ou obstáculos; apesar da zombaria dos homens ateus e profanos; em respeito à grande misericórdia de Deus com esta terra e às severas disciplinas com as quais nos tem corrigido ultimamente. E nessa questão, as pessoas eminentes da igreja, bem como todos os presbíteros, não somente devem estimular a si mesmos e suas famílias a serem diligentes, mas também devem cuidar para que essas práticas sejam realizadas de modo consciente em todas as outras famílias sobre as quais exerçam autoridade ou pelas quais sejam responsáveis.

XI. Além dos deveres regulares das famílias, acima mencionados, há também deveres excepcionais de humilhação e de agradecimento que devem ser realizados cuidadosamente em ocasiões especiais, particulares ou públicas, quando o Senhor os chamar a cumpri-los.

XII. Visto que Palavra de Deus requer que nos consideremos uns aos outros para nos estimularmos ao amor e às boas obras, em todos os momentos e especialmente nesta época, em que a profanação é abundante e os escarnecedores, que andam segundo suas próprias concupiscências, acham estranho que os outros não caminhem com eles no mesmo excesso de devassidão; cada membro desta igreja deve incentivar a si mesmo, e também um ao outro, nas obrigações de edificação mútua, por meio da instrução, admoestação e repreensão. Os membros da igreja devem exortar uns aos outros a manifestarem a graça de Deus; renegando a impiedade e as paixões mundanas, vivendo, no presente século, sensata, justa e piedosamente. Devem confortar os fracos de espírito e orar uns pelos outros. Esses deveres devem ser cumpridos nas ocasiões especiais oferecidas pela providência divina, ou seja, quando os membros estiverem sob alguma calamidade, tribulação e grande dificuldade ou quando buscarem aconselhamento e conforto. Devem também cumprir esses deveres quando um ofensor estiver sendo corrigido pela admoestação em particular e, se isso não tiver efeito, duas ou mais pessoas devem se unir para essa admoestação, de acordo com a regra de Cristo, para que pela boca de duas ou três testemunhas toda palavra se estabeleça.

XIII. Uma vez que nem todos são capazes de dar uma palavra apropriada a uma consciência cansada e angustiada, é conveniente que, nesse caso, a pessoa que não encontrar alívio após a utilização de todos os meios regulares, seja em particular ou em público, deve buscar conselho de seu próprio pastor ou de algum crente mais maduro. Mas se a pessoa com problemas de consciência estiver numa situação ou pertencer a um sexo em que a discrição, a modéstia ou o temor de causar escândalo exigirem que um amigo íntimo, piedoso e sério a acompanhe no encontro com o pastor, então, será conveniente que tal amigo esteja presente nesse encontro.

XIV. Quando pessoas de famílias diferentes se encontrarem pela providência divina, seja quando estiverem viajando a trabalho ou por alguma situação necessária, visto que desejam ter o Senhor seu Deus com eles onde quer que estejam, essas pessoas devem andar com Deus e não negligenciar os deveres de oração e de ações de graças. Elas devem cuidar para que esses deveres sejam cumpridos pelo companheiro que for mais apto a realizá-los. Da mesma forma, devem tomar cuidado para que conversações torpes não saiam de suas bocas, mas unicamente o que for bom para a edificação e transmita graça aos que ouvem.

Por um lado, o propósito e a intenção dessas instruções é que o poder e a prática da piedade entre todos os ministros e membros desta igreja, de acordo com suas diversas posições e vocações, sejam valorizadas e se desenvolvam; e que toda a impiedade e zombaria em relação às práticas religiosas sejam reprimidas. E, por outro lado, que sob o nome e pretexto de práticas religiosas, não seja autorizada nenhuma reunião ou prática que cause pecados, escândalo, partidarismos, desprezo, desrespeito com os sacramentos públicos e ministros, negligência dos deveres de vocações específicas ou quaisquer outros males que sejam obras da carne e não do Espírito, e contrários à verdade e à paz.

APÊNDICE 2

JOHN PATON DEIXA O LAR

Para o caso de você ainda estar questionando o impacto que o culto familiar pode causar e para encorajar os pais que estão comprometidos na liderança do culto familiar, gostaria de compartilhar a história de John Paton, quando ele deixou seu lar. Ele deixou o lar para estudar, e a partir de então, se tornaria um missionário entre os canibais. Paton escreveu:

> Meu querido pai caminhou comigo nos primeiros dez quilômetros do caminho. Seus conselhos, lágrimas e

conversas celestiais sobre aquela jornada de despedida ainda estão frescos em meu coração como se fosse ontem; e hoje, lágrimas escorrem livremente em minhas bochechas, como naquele dia, sempre que a memória me leva sorrateiramente para aquela cena. Nos últimos 800 metros desse caminho ou mais, andamos juntos num silêncio quase que contínuo. Meu pai, como de costume, carregava seu chapéu nas mãos... Seus lábios continuaram se movendo, numa oração silenciosa a meu favor, e suas lágrimas rolaram rapidamente quando os nossos olhos se encontraram em olhares para os quais todas as palavras seriam vãs! Paramos ao chegar ao local da despedida. Ele segurou minha mão com força num minuto de silêncio e depois disse de forma afetuosa e solene: "Deus te abençoe, meu filho! Que o Deus de teu pai te faça prosperar e te livre de todo mal!"

Incapaz de dizer mais alguma coisa, seus lábios continuaram se movendo numa oração silenciosa. Em lágrimas, nós nos abraçamos e partimos. Corri o mais rápido que pude e, quando estava prestes a virar uma esquina onde ele me perderia de vista, olhei para trás e o vi ainda parado, com a cabeça descoberta, no lugar onde eu o havia deixado — ele estava olhando fixo para mim. Acenei meu chapéu em despedida e virei à esquina num instante. Mas meu coração estava muito sobrecarregado e ferido para me conduzir adiante e lancei-me à beira da estrada, e chorei por algum tempo. Levantando-me com cautela, subi a barragem para ver se ele ainda estava no lugar onde eu o havia deixado. Naquele mesmo instante, olhei de relance e o vi subindo a barragem, tentando me ver! Ele não me viu, e depois de olhar ansiosamente na minha direção por algum tempo, desceu a barragem, fixou o olhar na direção de casa e começou a voltar. Ainda estava com a cabeça descoberta, e seu coração, tive a certeza, continuava a se elevar em orações a meu favor. Eu o olhava por entre as lágrimas, que me ofuscavam a visão, até que sua forma se desvaneceu em meu olhar; então, afastei-me depressa e prometi a mim mesmo, várias vezes, com a ajuda de Deus, que viveria e agiria de tal modo que jamais entristecesse ou desonrasse o pai e a mãe que Deus havia me dado.

A aparência do meu pai quando nos separamos — seus conselhos, orações, as lágrimas, a estrada, a barragem, a sua subida por ela e sua volta, a cabeça descoberta — tem vindo nitidamente até a minha mente, muitas e muitas vezes, ao longo da vida, e está vindo agora, enquanto escrevo, como se houvesse acontecido uma hora atrás. Em meus primeiros anos ausente, principalmente quando era exposto a muitas tentações, a imagem de sua despedida surgia diante de mim como se fosse um anjo da guarda. Isso não é farisaísmo, mas profunda gratidão, que me faz testemunhar sobre a memória daquela cena que, não só me ajudou a manter meu coração puro em relação aos pecados que eram predominantes, como também me estimulou em todos os meus estudos, de um modo que eu não poderia ficar aquém das esperanças dele; e também em todos os meus deveres cristãos, de um modo que pudesse seguir fielmente seu brilhante exemplo.[1]

Qual foi a principal motivação que levou John Paton a amar seu pai e a fé dele de tal maneira? Paton responde:

---

1 John G. Paton: missionary to the new hebrides (John Paton: missionário nas novas hébridas), (Edinburgo: The Banner of Truth Trust, 1965), p. 25-26.

Apêndice 2 - John Paton deixa o Lar

Jamais poderia explicar o quanto as orações de meu pai me impressionaram naquele momento, e nenhum estranho o poderia compreender. Quando ele ficava de joelhos, com todos nós ajoelhados ao seu redor, durante o culto doméstico, ele derramava toda a sua alma, com lágrimas, orando para que o mundo pagão se convertesse para servir a Jesus, e por todas as necessidades pessoais e familiares. Todos nós nos sentíamos como se estivéssemos na presença do Salvador vivo, e aprendíamos a conhecê-lo e amá-lo como o nosso amigo divino. Quando nos levantávamos, eu costumava olhar para o brilho no rosto de meu pai e desejava ser como ele em meu espírito, na esperança de que em resposta às orações dele, eu pudesse ter o privilégio e o preparo para levar o bendito evangelho a alguma parte do mundo pagão.

Tendo um pai como esse, você se surpreende com o fato de John Paton ter ido às tribos canibais? Sua esposa e filhos morreriam no campo missionário, onde ele os enterraria na areia e dormiria sobre o túmulo deles, para proteger seus corpos dos canibais. Ó, que poder tem o culto doméstico feito no temor de Deus!

FIEL
MINISTÉRIO

O Ministério Fiel tem como propósito servir a Deus através do serviço ao povo de Deus, a Igreja.

Em nosso site, na internet, disponibilizamos centenas de recursos gratuitos, como vídeos de pregações e conferências, artigos, *e-books*, livros em áudio, blog e muito mais.

Oferecemos ao nosso leitor materiais que, cremos, serão de grande proveito para sua edificação, instrução e crescimento espiritual.

Assine também nosso informativo e faça parte da comunidade Fiel. Através do informativo, você terá acesso a vários materiais gratuitos e promoções especiais exclusivos para quem faz parte de nossa comunidade.

Visite nosso website

www.ministeriofiel.com.br

e faça parte da comunidade Fiel

Esta obra foi composta em Goudy Old Style BT Roman 10.3, e impressa na Promove Artes Gráficas sobre o papel Pólen Natural 80g/m², para Editora Fiel, em Julho de 2024.